SUPER-HERÓIS
estão em todo lugar

Maya e eu amávamos o Natal. Nesta foto, estou com 4 anos, e ela, 2.

Esta sou eu tomando uma casquinha no Harlem, em Nova York, quando fui visitar meu tio Freddy.

Maya e eu sempre brincávamos juntas. Aqui, estou com 5 anos, e ela, 3.

Minha mãe, Maya e eu (as três senhoritas).

Esta sou eu com meus primos na Jamaica.

Aqui estou imaginando o futuro.

Eu amo o Natal. Neste, eu estava com 3 anos.

Eu com meu avô, numa visita aos meus avós quando os dois moravam na África.

Eu aos 9 meses e meu pai.

Eu com minha bisavó.

Maya e eu numa caminhada com nossa mãe em Madison, Wisconsin, Estados Unidos.

Eu aos 2 meses com minha mãe.

Minhas amigas e eu na colação de grau do curso de Direito.

Eu visitei a Jamaica quando tinha 10 meses. Aqui estou com minha mãe e meu avô por parte de pai.

Fiquei tão feliz por ganhar uma irmãzinha! Aqui, ela tinha 2 meses.

Eu e a sra. Shelton na cozinha dela.

Na colação de grau do curso de Direito com minha professora do ensino fundamental, a sra. Wilson, e minha mãe.

SUPER-HERÓIS
estão em todo lugar

KAMALA HARRIS
Ilustrado por Mechal Renee Roe
Tradução de Karine Ribeiro

intrínseca

Mais rápidos que um foguete! Mais fortes que um furacão! Mais corajosos que um leão! Super-heróis sempre tornam o mundo um lugar melhor, não importa o que aconteça.

Onde há perigo, eles aparecem bem na hora. Quando eu era criança, tinha certeza de que os super-heróis estavam em todo lugar, misturados com as pessoas comuns e prontos para fazer o bem a qualquer momento.

Eu estava decidida a encontrá-los, então comecei minha busca por super-heróis dentro de casa.

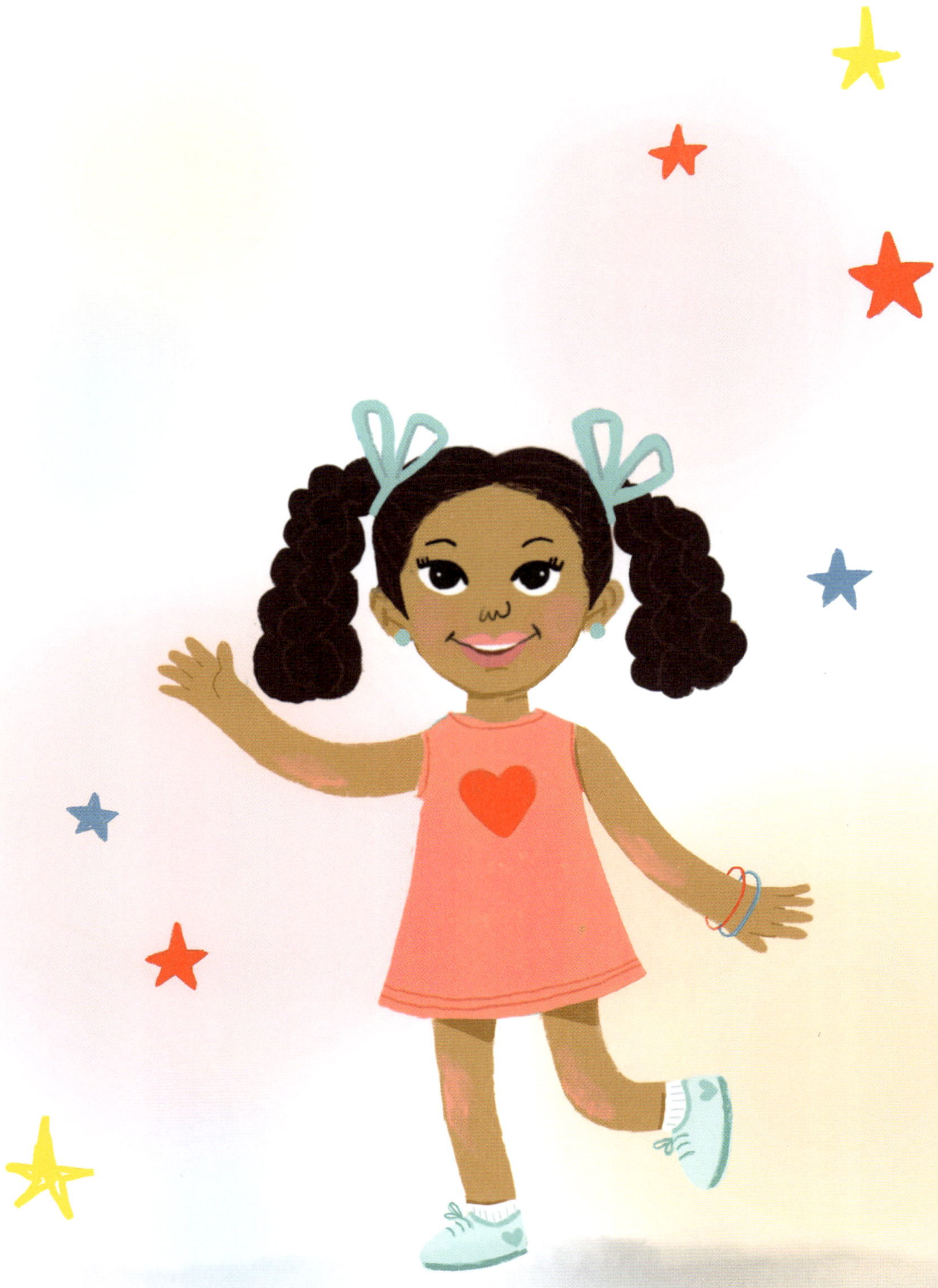

Heróis

Não demorou muito para encontrar um! Percebi que minha mãe devia ter poderes mágicos. O abraço dela fazia eu me sentir quentinha, segura e até mesmo forte.
Ela sabia que eu amava comidinhas gostosas, então me ensinou suas receitas secretas. Juntas, nós preparávamos banquetes deliciosos para nossos amigos e nossa família.
Eu até preparei alguns pratos sozinha!

— Viu só, Kamala? — dizia minha mãe. — Você pode fazer qualquer coisa, qualquer coisa mesmo, se fizer de coração e se esforçar bastante.

Minha mãe era uma super-heroína porque fazia eu me sentir especial. Ela acreditava em mim, e isso me ajudou a acreditar que eu era capaz de fazer qualquer coisa.

fazem você se sentir especial.

Quem faz você se sentir especial?

Heróis são

Minha irmã, Maya, e eu fazíamos tudo juntas: aula de balé, de piano, andar de bicicleta e brincar com jogos de tabuleiro. Eu sabia que, sempre que precisasse, ela me ajudaria, porque era a outra metade da nossa dupla dinâmica.

Quando ficávamos tristes, minha mãe fazia uma festa de "desaniversário" para nos animar. Juntas, comíamos nosso bolo de desaniversário, abríamos presentes de desaniversário e dançávamos pela sala. Maya sempre estava ao meu lado.

Minha irmã era uma super-heroína porque era alguém com quem eu podia contar.

Com quem você pode contar?

pessoas com quem você pode contar.

DESANIVERSÁRIO!!!

Heróis fazem você se sentir corajoso.

Continuei procurando por super-heróis na minha família.

Meu pai queria que eu fosse destemida. Quando íamos ao parque, ele soltava a minha mão e gritava: "Corre, Kamala, corre", e eu corria o mais longe e o mais rápido que podia.

Meu pai era um super-herói porque fazia eu me sentir corajosa.

Quem faz você se sentir corajoso?

Heróis

Minha avó era uma das pessoas mais sábias que já conheci. Ela usava sua inteligência para lutar por mulheres que estavam sendo maltratadas e ensiná-las a permanecer saudáveis.

lutam pelo que é certo.

Meu avô lutava para fazer da Índia um país livre.

Os meus avós na Índia e na Jamaica eram super-heróis por lutarem pelo que é certo.

Quem você conhece que luta pelo que é certo?

Heróis são

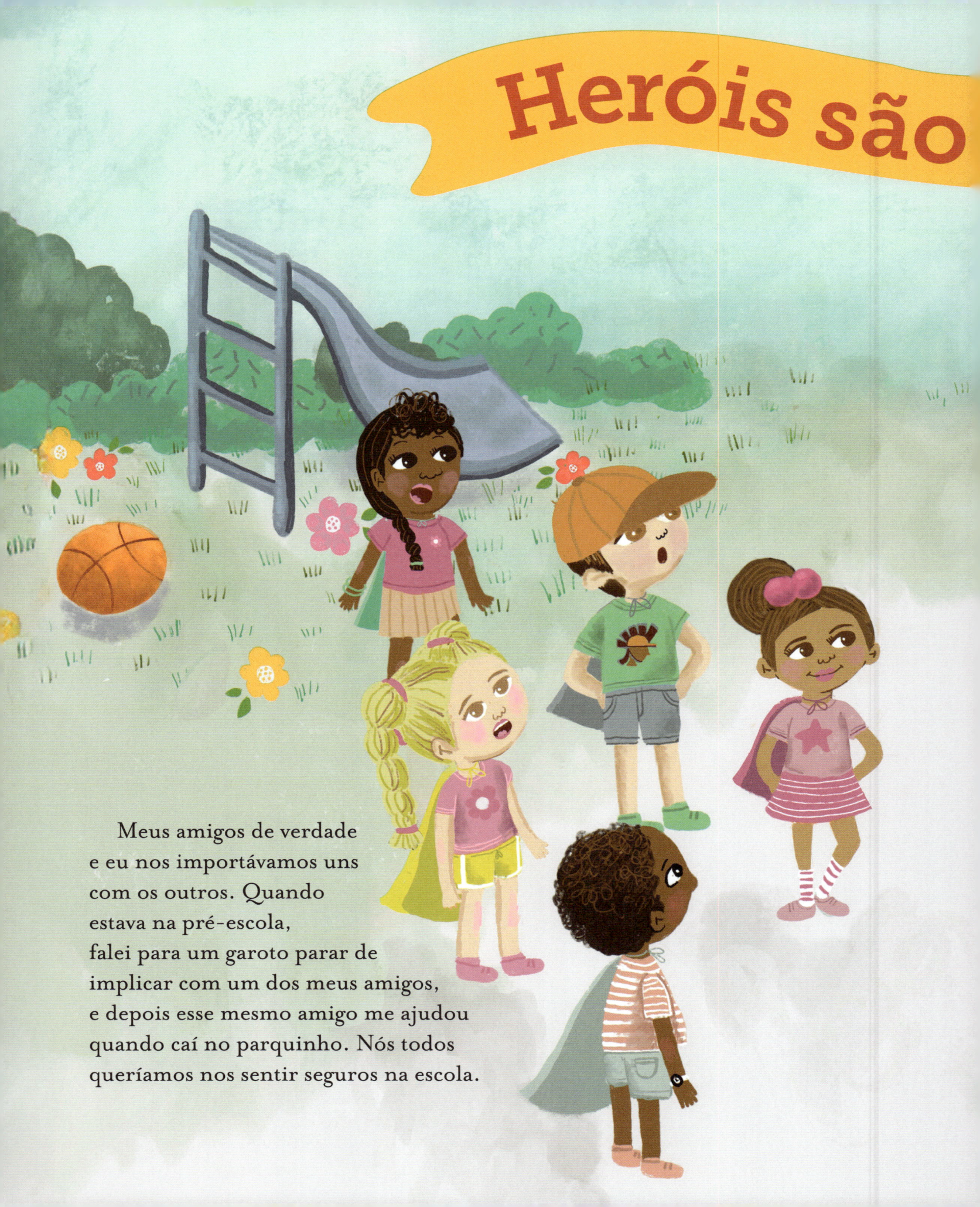

Meus amigos de verdade e eu nos importávamos uns com os outros. Quando estava na pré-escola, falei para um garoto parar de implicar com um dos meus amigos, e depois esse mesmo amigo me ajudou quando caí no parquinho. Nós todos queríamos nos sentir seguros na escola.

amigos de verdade.

Meus amigos eram super-heróis porque faziam com que todos nós nos sentíssemos seguros na companhia uns dos outros.

Quem são seus amigos de verdade?

Aprender é DIVERTIDO!

Heróis são professores.

Eu amava minha professora do ensino fundamental, a sra. Wilson. Ela nos ensinou sobre plantas e flores, cantou com a gente músicas de culturas do mundo todo e explicou como os girinos viram sapos.

Professores como a sra. Wilson são super-heróis porque nos mostram o mundo inteiro e nos ajudam a ir atrás dos nossos sonhos.

Quem são seus professores favoritos?

ESCOLA É LEGAL

A

Eu descobri que uma vizinha também era super-heroína!

A sra. Shelton era amiga da minha família e, para mim, era como uma segunda mãe. Ela tomava conta da Maya e de mim enquanto nossa mãe trabalhava. Nós devorávamos os biscoitos caseiros dela, sua torta de pêssego e também o picadinho reservado para ocasiões especiais. A gente lotava o carro dela aos domingos para ir à igreja. A sra. Shelton tratava a todos com amor e respeito.

Heróis são gentis.

Sua gentileza fez com que eu a achasse uma super-heroína.

Quem é gentil com você?

Heróis descobrem o mundo.

Tia Lenore e eu caçávamos libélulas com potes de vidro. Tio Sherman me ensinou a jogar xadrez. Tia Mary e eu líamos vários livros juntas, e tio Freddy me levava a museus, onde admirávamos obras de arte fascinantes.

Minhas tias e meus tios — os amigos da minha mãe que eram parte da nossa família — me ajudavam a descobrir e explorar o mundo, e isso fazia deles super-heróis.

Quem ajuda você a descobrir o mundo?

Universidade HOWARD

Mesmo depois de me tornar adulta, continuei minha busca por super-heróis.

Quando chegou a hora de entrar na faculdade, eu estava muito animada para estudar no mesmo lugar onde minha tia Chris havia se formado, a Universidade Howard. Minha avó não tivera a chance de ir para a faculdade, mas encorajou seus filhos — minha mãe, minhas tias e meu tio — a estudar muito, e foi o que eles fizeram. Minha mãe se tornou cientista, meu tio Balu, economista, minha tia Sarala é médica e minha tia Chinni trabalha com computadores.

Eles são super-heróis porque me mostraram que com esforço e dedicação eu poderia ser o que quisesse quando crescesse.

Heróis são esforçados.

Quais são seus exemplos de esforço e dedicação?

Heróis protegem as pessoas.

Depois da faculdade, eu queria me tornar advogada, como algumas pessoas que eu admirava — Thurgood Marshall, Constance Baker Motley e Charles Hamilton Houston. Eles lutaram nos tribunais porque sabiam que nem sempre todos são tratados de forma igualitária, apesar de isso ser um dever. Assim como eles, eu queria garantir que a lei protegeria todos.

Esses advogados são super-heróis porque protegem as pessoas com o poder das palavras e das ideias.

Quem protege você?

Heróis fazem a

diferença, juntos.

Quando me tornei advogada, e depois senadora, trabalhei com muitas pessoas para ajudar as crianças. Melhor que isso: conheci crianças incríveis que querem fazer do mundo um lugar melhor.

E sabe o que foi que eu descobri?

Que o herói também é... VOCÊ!

Super-heróis estão em todo lugar! Até mesmo dentro de você!

★ Você é gentil, corajoso e curioso?

★ Você é um amigo de verdade?

★ Você compartilha o que tem?

★ Você trata as pessoas de maneira justa?

★ Você ajuda outras pessoas quando elas precisam?

Você é um herói quando dá o seu melhor para o mundo.

Isso é maravilhoso!

O Juramento do Herói

Você quer ser um super-herói?

Isso é mais fácil do que você imagina.

A primeira coisa a fazer é erguer sua mão direita
e dizer as palavras da próxima página em voz alta.
Se quiser, você pode usar uma capa enquanto faz isso.
Mas não é obrigatório!

EU PROMETO:

- ⭐ fazer as pessoas se sentirem especiais
- ⭐ ser alguém com quem as pessoas podem contar
- ⭐ incentivar as pessoas a serem corajosas
- ⭐ lutar pelo que é certo
- ⭐ ser um amigo de verdade
- ⭐ ser um bom professor
- ⭐ ser gentil
- ⭐ descobrir o mundo com meus amigos e minha família
- ⭐ estudar e ser esforçado
- ⭐ proteger as pessoas injustiçadas
- ⭐ fazer a diferença quando eu puder

Eu prometo ser a melhor pessoa que eu puder ser!

Linha do tempo

20 de outubro de 1964 Nasci em Oakland, Califórnia, Estados Unidos.

30 de janeiro de 1967 Minha irmã, Maya, nasceu.

1970 Entrei no ensino fundamental, na turma da sra. Wilson.

1976 Organizei um protesto no meu prédio para que as crianças pudessem brincar no jardim, o que era proibido. Nós conseguimos permissão para brincar lá!

1984 Tornei-me estagiária do senador Alan Cranston, da Califórnia. Aprendi como é ajudar a fazer leis e, com isso, transformar os Estados Unidos em um país melhor.

1986 Eu me formei na Universidade Howard em Ciências Políticas e Economia.

1989 Eu me formei na Escola de Direito Hastings da Universidade da Califórnia.

1990 Oficialmente me tornei advogada e fui trabalhar no gabinete da promotoria de justiça em Oakland. Toda vez que eu ficava diante do juiz, tinha orgulho de dizer: "Kamala Harris, pelo povo."

da minha vida

1998	Comecei a trabalhar no gabinete da promotoria de justiça do distrito de São Francisco como chefe da Unidade Criminal.
2000	Comecei a trabalhar no gabinete da promotoria de justiça da cidade de São Francisco, onde liderei um departamento que ajudava crianças e famílias.
2003	Concorri ao cargo de promotora de justiça distrital de São Francisco. O lema da minha campanha era: "Kamala Harris, uma voz pela Justiça." Ganhei a eleição com a ajuda de centenas de voluntários.
2010	Fui eleita procuradora-geral da Califórnia. (Fui a primeira mulher e a primeira pessoa negra a ocupar esse cargo!)
2014	Eu me casei com Douglas Emhoff. (Ele também é advogado!)
8 de novembro de 2016	Fui eleita para o Senado dos Estados Unidos pelo estado da Califórnia. (Fui a segunda mulher negra e a primeira pessoa de ascendência indiana a ser eleita para o Senado!)
3 de janeiro de 2017	Tomei posse como senadora no 115º Congresso dos Estados Unidos.
20 de janeiro de 2021	Assumi o cargo de vice-presidente dos Estados Unidos. Fui a primeira mulher a ocupar essa posição.

Este é o meu aniversário de 6 anos com minhas amigas.

Aqui eu tinha 7 anos e estava usando um dos meus casacos favoritos.

Maya e eu adorávamos dançar — somos assim até hoje.

Maya e eu perto de um lago em Madison, Wisconsin.

Quando era bebê, eu amava meu cavalinho de pelúcia.

Eu aos 2 anos com minha irmã recém-nascida.

Eu aos 12 anos.

Meus avós por parte de mãe vieram nos visitar quando eu tinha 8 anos.

No primeiro ano do ensino fundamental.

Esta é a turma da sra. Wilson. Você consegue me encontrar?

Eu sempre amei brincar no carrossel.

Esta sou eu aos 8 anos, no laboratório da minha mãe. Ela costumava me levar ao trabalho aos fins de semana ou depois da escola.

Eu com o personagem Flat Stanley em frente ao capitólio da Califórnia.

Eu em frente ao ônibus da minha campanha para o Senado.

Meu marido, Doug, e eu no estádio.

Eu prestando juramento para meu segundo mandato como procuradora-geral da Califórnia. Doug está segurando a Bíblia.

Doug e eu votando na escola na esquina da nossa casa.

Noite de eleição na corrida para o Senado dos Estados Unidos.

Minha mãe e eu na parada do ano-novo chinês. Ela foi a muitos eventos comigo.

Tive a honra de fazer um discurso para os estudantes na Universidade Howard.

As autoras

KAMALA HARRIS

é vice-presidente dos Estados Unidos. Foi senadora da Califórnia, trabalhou na promotoria do condado de Alameda e foi eleita promotora distrital de São Francisco. Segunda mulher negra e primeira pessoa de ascendência indiana a ser eleita para o Senado Americano, Kamala trabalha arduamente para garantir que todos tenham direitos iguais, especialmente as crianças.
Saiba mais em: kamalaharris.org
@KamalaHarris   KamalaHarris

MECHAL RENEE ROE

é designer, escritora, fotógrafa e artista multidisciplinar. Ela ama fazer criações para livros, filmes, animações e arte em geral. Nascida em St. Louis, Missouri, atualmente ela mora em Atlanta, na Geórgia.
@happyhairgirls
@mechalroe

© Elizabeth Day

Para todas as crianças em minha vida, e também para as duas que acabaram de chegar, Amara e Leela. —KDH

Para minha mãe, minhas irmãs, meus amigos e minha família, e para a minha professora do ensino médio, sra. Shapiro. —MRR

TÍTULO ORIGINAL
Superheroes Are Everywhere

PREPARAÇÃO
André Marinho
Laura Andrade

DIAGRAMAÇÃO
Inês Coimbra

DESIGN DE MIOLO ORIGINAL
Jennifer Chung

ILUSTRAÇÕES
Mechal Renee Roe

ARTE DE CAPA
© 2019 by Kamala Harris

ADAPTAÇÃO DE CAPA E LETTERINGS
Antonio Rhoden

Copyright © 2019 by Kamala Harris

Publicado mediante acordo com Philomel, um selo da Penguin Young Readers, uma divisão da Penguin Random House LLC.

Todos os direitos reservados, incluindo a reprodução total ou parcial de qualquer parte, em qualquer meio.

As fotos das páginas 2, 3, 4, 36, 37, 38 e 39 são cortesias da autora.

CIP-BRASIL. CATALOGAÇÃO NA PUBLICAÇÃO
SINDICATO NACIONAL DOS EDITORES DE LIVROS, RJ

H26s

    Harris, Kamala, 1964-
    Super-heróis estão em todo lugar / Kamala Harris ; ilustração Mechal Renee Roe ; tradução Karine Ribeiro. - 1. ed. - Rio de Janeiro : Intrínseca, 2025.
    40 p. : il. ; 28 cm.

    Tradução de: Superheroes are everywhere
    ISBN 978-85-510-1369-4

    1. Harris, Kamala, 1964- - Infância e juventude. 2. Senadoras - Estados Unidos - Biografia - Literatura infantojuvenil. I. Roe, Mechal Renee. II. Ribeiro, Karine. III. Título.

24-95001	CDD: 328.73092
	CDU: 929:32(73)

Meri Gleice Rodrigues de Souza - Bibliotecária - CRB-7/6439

[2025]
Todos os direitos desta edição reservados à
EDITORA INTRÍNSECA LTDA.
Av. das Américas, 500, bloco 12, sala 303
22640-904 – Barra da Tijuca
Rio de Janeiro – RJ
Tel./Fax: (21) 3206-7400
www.intrinseca.com.br

1ª edição	JANEIRO DE 2025
impressão	GEOGRÁFICA
papel de miolo	OFFSET 120G/M²
papel de capa	CARTÃO SUPREMO ALTA ALVURA 250G/M²
tipografia	MRS EAVES